Snežana Stefanović

Trifun
i mali fudbaleri

A Short Story in Latin and Cyrillic Script

Level A1 = Novice Low/Mid/High

2. Edition

SADRŽAJ – САДРЖАЈ

Introduction

The short story "Trifun i mali fudbaleri" for language level A1 is written in both Latin and Cyrillic script. This captivating story offers the opportunity not only to deepen your understanding of Serbian vocabulary and syntax at the beginner level, but also to practice writing the Cyrillic alphabet. Grammatically, the story is aligned with the Common European Framework of Reference for Languages (CEFR) for language level A1/beginner.

For optimal learning, the book includes a table of the Cyrillic alphabet in the middle. At the end of the book, learners will find a comprehensive Serbian-English vocabulary list for reference.

For more information, please visit https://serbian-reader.com

Trifun i mali fudbaleri

- Hej!... Hej, vi dole!... Može to malo tiše tamo dole? – govori Trifun na prozoru veoma glasno. – Hoću da spavam, ali vi tako vičete kao da vas neko napada!

- Mi samo igramo fudbal. – odgovara Kosta.

- To nije fudbal, to je vika! – odgovara ljutito Trifun. – Poslepodne je i stariji ljudi žele da spavaju.

- Pa ko im brani? – odgovara Kosta bezobrazno.

- Slušaj, mali, ima da prestaneš da vičeš ili ću da razgovaram s tvojim ocem. – preti Trifun.

- Možeš da pretiš koliko hoćeš, moj otac ne živi ovde. – drsko odgovara Kosta.

- I vidi se da otac nije s tobom kad si tako neodgojen. – uzvraća Trifun.

Sada Kosta zastaje, ćuti kratko, a onda se okreće svojim drugovima, Joksimu i Jordanu, s kojima igra fudbal:

- Ko sada puca na gol?

- Ja! – viču Joksim i Jordan uglas.

Sva tri drugova se smeju i gledaju Trifunov prozor.

Trifun je ljut, demonstrativno zatvara prozor i navlači zavese.

*

Veče je i Trifun čeka lift u prizemlju. Lift ne dolazi, ali zato izvana dolazi komšinica Vanja:

- Dobro veče, komšija!

- ´Veče! – odgovara Trifun.

- Nema lifta, ha?

- Dolazi, dolazi. – odgovara Trifun.

- Kako podnosite ovu vrelinu, komšija?

- Nije tako strašno. Preko dana nije ugodno, ali zato su večeri fine.

- Ovaj septembar je mnogo topao.

- Jeste. Ove godine je septembar prilično topao. – potvrđuje Trifun. – Ali ako spavam poslepodne, onda mi ne smeta vrućina.

- Ja ne mogu da spavam ni poslepodne ni po noći. – govori Vanja.

- Ja zapravo pokušavam da spavam poslepodne, ali već dva dana ne spavam jer deca napolju viču.

- Da, deca su sada kod kuće, nisu više na moru ili kod babe i dede. Za dva dana počinje škola.

- Vama ne smeta njihova vika?

- Ne. Deca kao deca, moraju da viču. Ja volim kad deca viču. Moj sin ne dolazi često u posetu s decom pa zato volim kad čujem decu kako se igraju. To je kao da čujem moje unuke.

- Ja ne volim kad deca viču. Ova deca u komšiluku, ona su tako glasna i bezobrazna. Pogotovo onaj mali Kosta. Ja ne znam šta je s tim detetom da je tako neodgojen.

- Mali je često sam kod kuće, majka dugo radi i niko se ne brine o njemu.

- Gde je njegov otac?

- Roditelji su razvedeni. Vi ste, komšija, ovde novi u komšiluku pa to ne znate.

- Već su dugo razvedeni?

- Ima već dve godine.

- Ali to nije razlog da se toleriše takvo ponašanje! – odgovara Trifun.

- Svakako nije, tu imate pravo. Ali šta da radimo? Na dvorištu je igralište i deca trebaju negde da se igraju.

- I to mogu da razumem. Ali zašto ceo dan? Bar poslepodne

mogu da imaju pauzu. I oni i mi, stariji ljudi.

- Vi nemate decu, komšija?

- Imam, sina.

- Onda znate da deca viču.

- Zašto mi govorite kao da sam star i lud? Ja znam da deca viču. Ja kažem da ne moraju da viču ceo dan. Nisu životinje.

- Komšija, ja mislim da Vi preterujete.

- Samo zato što postoji kućni red, ja preterujem? – odgovara Trifun sada ljutito.

Vanja gleda kratko Trifuna i želi nešto da kaže, ali u tom momentu dolazi lift i oni ulaze u lift. U liftu više ne govore o deci nego o jeseni koja dolazi.

*

Sledeće poslepodne Trifun opet otvara prozor jer je vika u dvorištu:

- Hej! Sad je dosta vike!

Kosta, Joksim i Jordan prekidaju s fudbalom i gledaju Trifuna:

- Ne vičemo! Mi igramo fudbal! – odgovara Kosta.

- Idite kući i učite nešto! Posle možete da igrate fudbal!

- Ne moramo ništa da učimo! Još nema škole!

- Onda možete da se pripremate za školu! Od dva do četiri želim mir u dvorištu!

Dečaci se gledaju i onda počinju da se smeju. Kosta viče:

- A ja hoću da idem u peti razred, a ne u treći razred! Ali ne ide!

Trifun govori:

- Zašto si tako bezobrazan, mali?

- Nisam bezobrazan! Sva deca se igraju, a mi ne smemo!

- Smete da se igrate, ali posle četiri. Osim toga, danas je nedelja. Svako hoće mir u nedelju poslepodne između dva i četiri. Možete da igrate fudbal posle četiri.

- Zašto posle četiri?

- Takav je kućni red.

Kosta odgovara:

- Ne kod mene.

- Ni kod mene. – odgovara Joksim i smeje se.

- Šta je to „kućni red“? – dodaje Jordan.

Trifun je ljut kao ris:

- Sad ćete da vidite! Mali, ti stanuješ na prvom spratu, zar ne?

Deca su sada tiha i gledaju kako Trifun ljutito zatvara prozor.

Nakon par minuta Trifun dolazi na prvi sprat i zvoni na jedna vrata. Mlada žena otvara:

- Dobar dan!

- Dobar dan! Jeste li Vi majka malog Koste koji sada igra fudbal, dole u dvorištu?

- Jesam.

- Ja sam Trifun, komšija s trećeg sprata. I želim da Vam kažem da...

Žena pruža ruku Trifunu:

- Drago mi je, ja sam Lola.

Trifun nevoljko prima njenu ruku:

- Je li ne čujete kako Vaš sin viče?

Žena gleda Trifuna:

- Čujem.

- I? Nemate ništa da kažete?

- Imam. Danas ne viče tako glasno kao juče.

Trifun gleda ženu:

- Ne radi se o tome kako glasno viče! Radi se o tome da on stalno viče!

- Ne viče stalno, komšija. Samo kad igra fudbal.

- Ja želim da prestane da viče kad igra fudbal.

- Ah, komšija. Kako ćete da zabranite deci da viču?

- Mogu da viču kad žele, ali ne želim da viču od dva do četiri.

- Zašto ako smem da pitam?

- Zato što je tada kućni mir i ja želim da spavam.

- Ah, tako. Razumem.

- Mogu da igraju fudbal i da viču posle četiri, a ne ceo božji dan!

- Žao mi je što Vas smetaju dok spavate.

- Onda napravite nešto.

- Mogu da pozovem Kostu da dođe kući i da se kod kuće igra. Iako je napolju lepo vreme i šteta je da deca sede u kući. Sutra počinje škola i sedeće svaki dan u školi.

- Neće im biti ništa! Sva deca idu u školu i sva deca sede u školi. Vaš sin nije ni prvi ni zadnji koji ide u školu i koji mora da sedi u školi.

- To je istina.

- Osim toga, posle četiri može da viče koliko hoće. Može da viče kao životinja.

- Komšija, zašto to govorite? Moj Kosta nije životinja.

- Nije, ali se ponaša kao da je životinja.

- Kako možete da kažete tako nešto? – u očima mlade žene se sada vide suze.

- Zato što ne mogu da kažem da je Vaš sin dobro odgojen.

Sada Lola ćuti i tužno gleda Trifuna.

- A šta drugo da mislim? – pravda se sada Trifun.

- Zašto Vi ne spavate duže ujutro? Ujutro se deca tiho igraju.

- Vaš sin... on je... on je...

Lola prekida Trifuna, njena tuga je sada postala ljutnja:

- Zašto maltretirate decu i mene? Zašto ste tako nekulturni i dolazite na moja vrata da mi kažete da je moje dete neodgojeno? I to samo zbog Vašeg komfora?

- Zato što... – ponovo počinje Trifun, ali ga Lola opet prekida:

- Ovo je soliter. Svi trebamo da živimo zajedno, da smo tolerantni. Pogotovo prema deci.

- Da, znam, ali kućni red kaže...

- Slušajte! Kosta je dobro odgojeno dete. Ja ću da ga pozovem u kuću da se igra u kući od dva do četiri. Ali ovo je zadnji put da kažete da je on neodgojen! Jasno?!

Trifun sada gleda Lolu:

- ...No dobro. Ja samo želim...

- Doviđenja! – ljutito odgovara Lola i zatvara Trifunu vrata ispred nosa.

I stvarno.

Uskoro deca napuštaju igralište i nestaju u soliteru.

Ponedeljak je poslepodne i Trifun se vraća iz grada. U rukama nosi paket – burek sa sirom. Njegov omiljeni burek iz pekare Petrović. Trifun je već godinama stalna mušterija kod Petrovića. S pravom. Burek u pekari Petrović u Bežanijskoj ulici je najbolji burek u Beogradu. I zato ga Trifun kupuje tri puta nedeljno: dva puta ga odmah jede tamo, u pekari, a jedanput nedeljno ga nosi kući i jede ga za večeru. Jer burek je dobar i topao i hladan. Uz jogurt još bolji.

Osim toga, Trifun voli da šeta po Beogradu. Ne samo da voli Beograd, nego i sada, kad je u penziji, mora da šeta više nego pre. Lekar kaže da je to najbolji lek protiv niskog krvnog pritiska – stalno hodati. A šta može drugo i da radi, sada u penziji? Njegova žena Marina je umrla pre par meseci, sin Dragan i snaha imaju svoj život. Oni se retko vide, možda jednom mesečno. Oni nemaju decu tako da nema razloga da Trifun dolazi u goste zbog unuka. Sad još manje jer od leta Trifun živi u novom stanu. Jeftiniji je nego stan pre i ne podseća ga sve u stanu na Marinu. Tako je lakše za Trifuna.

Ali Trifun nije nezadovoljan. On ima svoj ritual i to je njegovo malo zadovoljstvo u životu. U penziji je ritual veoma dobar – ritual daje sigurnost. U svakom momentu rituala može lepo da se uživa. Za Trifuna to znači: ujutro kafa, prepodne šetnja po Beogradu, lagani ručak, spavanje poslepodne, opet šetnja, a uveče ili klub penzionera ili balote. I Trifun sada, otkada više nema Marine, pokušava, mnogo više nego dosada, da svaki dan uživa u ritualu. Ritual je za njega više nego sigurnost. Ritual je za njega nešto kao život. I zato je Trifunu važno da niko ne smeta njegov ritual. Kao na primer deca u dvorištu.

I danas, u ponedeljak poslepodne, dvorište je mirno. Nema dece koja igraju fudbal, samo par male dece s mamama. Te bebe su mirne i ne viču. I dok Trifun ulazi u stan, oseća se prijatno i dobro. Jer sad može na miru da sedne ispred televizora i da gleda vesti. Posle će da jede burek i da ode do kluba penzionera.

Ali dok gleda televizor, Trifun oseća da nešto nije u redu. Oseća kako nešto nije u redu u stanu. Ali šta? Šta to nije u redu?

Tiho je. Da, veoma je tiho. Trifun gleda na časovnik. Šest je sati. Hm. Deca obično viču u šest sati. Ali danas ne.

Trifun ustaje i odlazi do prozora.

I ima šta da vidi: njegov prozor je razbijen.

Uzrok: fudbalska lopta. Ona koja leži na patosu njegove sobe.

Za nekoliko minuta ljutiti Trifun stoji ispred vrata na prvom spratu. Zvoni na vrata i vrata otvora Kostina majka.

- Dobar dan, komšija! – pozdravlja ga Lola.

- Da, da, dobar dan... – odgovara Trifun. – Vaš sin, draga gospođo, to je, to je stvarno, ne, nemam reči!... I zašto? – Trifun ne može zbog ljutnje da se dobro artikuliše i zato joj pruža loptu koju drži u ruci.

Lola ga gleda kao malo dete:

- Polako, komšija, polako. Idemo po redu. Šta je s mojim sinom?

- Hoćete da vidite moj prozor?! Ha?

- Hoću ako baš moram. – odgovara mlada žena zbunjeno. – Čija je to lopta?

- To je lopta Vašeg sina! Da! A moj prozor je razbijen! Razbijen! Loptom! Njegovom fudbalskom loptom!

Lola gleda Trifuna, a onda se okreće i viče:

- Kosta! Dolazi ovamo!

Nakon par sekundi dolazi Kosta.

- Komšija Trifun želi nešto da te pita.

Trifun govori ljutito:

- Ja nemam šta da pitam! On treba da kaže!

- Kosta, je li ti imaš veze s prozorom našeg komšije?

- Nemam.

- Njegov prozor je razbijen. – govori Lola.

- Ni to ne znam.

Trifun govori uzbuđeno:

- Znaš! Kako da ne znaš! To je osveta! Čija je to lopta, ha?

- Kosta, je li to tvoja lopta?

Kosta uzima loptu i kaže:

- Kakva osveta? – gleda Kosta Trifuna. – Ja ne znam ništa.

Lola govori sada Trifunu:

- Komšija, jeste Vi sigurni da Kosta ima veze s Vašim prozorom?

- Nemojte da me pravite ludim!

Lola gleda Kostu. Ali Kosta ne gleda mamu u oči, njegova glava je spuštena.

Zato ona kaže sinu:

- Kosta, idu u sobu. Posle ću da razgovaram s tobom.

Kosta odlazi, a Lola govori Trifunu:

- Koliko košta opravka prozora?

- Ne znam, ali želim...

Lola ga prekida:

- Znate, sigurno da znate. Koliko košta?

- Moram da pitam staklara.

- Kad saznate koliko košta, onda ćete da mi kažete. U redu?

- Samo da znate: ja ne mogu da živim u stanu gde je prozor

razbijen.

- Razumem. Ali sada je kraj leta, vreme je još uvek lepo i prognoza kaže da neće da bude kiše još sigurno dve nedelje. Je li Vi spavate pokraj otvorenog prozora?

- Spavam, ali zato što želim da spavam. Ne zato što moram.

- Ja ću da dobijem platu u petak i onda mogu da Vam dam pare.

- Da?

- Da. Stvarno mi je žao zbog prozora. Razgovaraću s Kostom. On će da dobije kaznu, možete da budete sigurni u to.

- I treba da dobije. To je zaista nečuveno!

- Nečuveno nije. To su deca. Deca rade nestašluke. Ali da ću da razgovaram s njim, to hoću.

Sada je i Trifun bolje kad zna kakav je plan:

- No, dobro.

- Doviđenja, komšija. – odgovara Lola i zatvara vrata.

*

Devet je časova uveče. Neko zvoni na Trifunova vrata.

Trifun otvara vrata, a na vratima stoji Lola.

- Dobro veče, komšija. Nadam se da ne spavate.

- ´Veče. Kao što vidite ne spavam.

- Znate, imam problem. Ne znam koga da pitam i ... Da. Ja treba sada da idem na posao. Radim kao medicinska sestra i moja koleginica je bolesna pa moram da je menjam. To je iznenada, inače imam smenu tek sutra ujutro. Ali problem je Kosta.

- Vaš sin je problem? To nije neobično.

- Ah, ne, ne tako kako Vi mislite. Mala Svetlana, moja nećakinja, ona čuva Kostu kad ja radim po noći, ali ona sada nije kod kuće nego je negde napolju s društvom tako da ne može da dođe da pazi na Kostu.

Trifun gleda Lolu i još uvek ne može da shvati zašto ona sve to govori. Lola nastavlja:

- U našem soliteru ima mnogo mama s decom, ali one imaju malu decu i ne mogu od njih da tražim da čuvaju Kostu. One imaju svoje probleme.

Sada Trifun polako kapira:

- I? Vi ste sada tu jer...

- Ako ide, mislim, komšija, Vi ste sami, i Kosta je sam. On je inače dobro dete, samo je ponekad veoma živahan. I tako... – gleda Lola upitno.

- Hoćete reći da ja pazim na Kostu?

- Platiću Vam kad dobijem platu. Ja stvarno ne znam koga da pitam, a ne volim kad je Kosta sam kod kuće.

Trifun ne veruje svojim ušima:

- Nakon svega Vi dolazite na moja vrata i pitate me da čuvam Kostu?!

- On nije problematično dete, on je dobar, jedino je ponekad glasan. A Vaš prozor, znate, Kosta ima sada kaznu, dve nedelje bez televizora. Mnogo mu je žao. I ja mu verujem. Sutra će da dođe kod Vas da se izvine.

Trifun sada govori:

- Ne! Ne dolazi u obzir!

- Trebate biti u stanu samo dok on zaspe. Onda možete da idete nazad u stan.

- Ne.

- Ne?

- Ne. Ne znam odakle Vam ta ideja uopšte.

Lola kratko gleda Trifuna, a onda kaže:

- No dobro. Mogu još da pitam komšinicu Vanju. Nadam se da je kod kuće.

- Da, valjda. Doviđenja.

- Da, komšija, doviđenja. Svejedno Vam hvala.

*

Dva časa nakon razgovora s Lolom Trifun sedi još uvek ispred televizora. On zapravo ne gleda televizijski program nego razmišlja. Trifunu je žao što je Kosta možda sam. Da, Kosta je kriv zbog njegovog razbijenog prozora, ali ipak – dete je, to je istina. I njegov sin je bio nekad mali, seća se da je i on bio živahan kao Kosta. I biti sam, kao što je Trifun sada sam, to nije ugodno. Trifun razmišlja da li Lola ima nekoga da čuva Kostu. Je li komšinica Vanja kod Koste. Jer ipak nije u redu da je dete samo preko noći.

Trifun izlazi iz svog stana i dolazi pred Lolina vrata.

Stoji pred vratima i razmišlja.

Onda se okreće i želi da se vrati nazad u stan. Jer to ipak nije njegov problem.

Ali onda se ipak okreće nazad i zvoni na vrata.

Nakon par minuta Kosta otvara vrata. U pidžami je, ali ne izgleda da dolazi iz kreveta.

- Dobro veče.

- Dobro veče. – odgovara Kosta.

Trifun kratko gleda Kostu i onda pita:

- Reci mi, je li komšinica Vanja kod vas?

- Nije.

- Nije?

- Ne.

- A gde je?

- Kod ćerke na selu.

- Već dugo?

- Ne znam.

- I ti si sam?

- Da.

Trifun kratko ćuti, a onda pita:

- Zašto ne spavaš?

- A zašto Vi zvonite na moja vrata tako kasno? – odgovara Kosta protupitanjem.

- Zato što... Zato što trebam komšinicu Vanju. – kaže Trifun kao izgovor.

- Nije tu. – kaže Kosta i želi da zatvori vrata. Za njega je razgovor gotov. Ali ne i za Trifuna.

- Sada je jedanaest časova. Treba da spavaš. – govori Trifun.

- Zašto je važno da li ja spavam ili ne? – odgovara dete.

- Zato što sva deca treba da spavaju u jedanaest časova. Imaš sutra školu?

- Imam.

- Onda treba da spavaš.

Kosta sada gleda Trifuna, a onda odgovara:

- Ne mogu da spavam.

- Zašto ne možeš da spavaš?

Kosta gleda Trifuna opet, ali ne odgovara.

Zato Trifun kaže:

- Treba da popiješ mleko. Posle mleka se lako spava.

- Nemam mleka. – odgovara Kosta.

- Kako nemaš mleka? – čudi se Trifun.

- Mama će da dobije platu u petak pa će biti mleka.

- A sada nemate mleka?

- Sada je kraj meseca.

- I?

- Kad mama dobije platu, onda imamo mleka dve nedelje, a onda više nema.

Sada Trifun gleda dete i ne govori ništa.

I Kosta gleda Trifuna kratko, a onda kaže:

- Laku noć. – i želi da zatvori vrata.

- Slušaj, Kosta. Ja imam mleka u frižideru. Doneću ti mleka i kad popiješ mleko, moraš da ideš u krevet i da spavaš.

Kosta gleda Trifuna i ništa ne govori.

- U redu?

Kosta ne odgovara i zato Trifun kaže:

- Dolazim za minutu s mlekom.

Kosta i dalje ne govori ništa. Ali Trifun je već na putu u svoj stan.

Nakon par minuta Trifun je ponovo na Lolinim vratima sa šoljicom mleka u rukama i zvoni.

Kosta otvara vrata i gleda šoljicu.

- Ne znam da li voliš toplo ili hladno mleko. Ovo je hladno, iz frižidera. – kaže Trifun i pruža mleko Kosti.

- Mama kaže da ne smem ništa da uzimam od nepoznatih ljudi. – govori Kosta i gleda i dalje u šoljicu.

- Ah, nisam ja nepoznat čovek za tebe. Mi se poznajemo: ja, znaš, imam razbijen prozor.

Kosta gleda Trifuna, a onda se smeje:

- Ah, onda poznajete mnogo bolje Joksima nego mene.

- Ah, tako dakle, Joksim. – govori Trifun. – On je dakle taj dobar fudbaler.

- Ne, on je loš fudbaler. Kao i ja. Ja loše stojim na golu, a on puca loptu previsoko. – govori Kosta i uzima mleko.

- Ah, tako.

Nakon par sekundi Kosta vraća praznu šoljicu Trifunu:

- I sada imam kaznu.

- Znam.

- Kazne nisu ugodne. – govori Kosta i briše rukom usta.

- To je istina. – govori Trifun. – A sad u krevet. I ja ću isto.

No Kosta ne odlazi u stan nego i dalje stoji na vratima:

- Komšija?

- Da?

- Izvini za prozor.

Trifun gleda dete i razmišlja.

Onda kaže samo kratko:

- Ah, nema veze.

I zbog Kostinog tako iskrenog izvinjenja Trifun se oseća sada mnogo bolje.

*

Drugo veče dolazi Lola na Trifunova vrata i zvoni. Niko ne otvara vrata i zato Lola zvoni još jedanput.

No još uvek niko ne otvara vrata.

Lola ide nazad u svoj stan i na stepeništu vidi Trifuna kako ide u svoj stan.

- Ah, komšija, tu ste. Dobro veče.

- Dobro veče. – odgovara Trifun.

- Kako ste?

- Hvala, ja upravo s balota. A Vi?

- Ja hoću nešto da Vam kažem.

Trifun vadi ključ od stana:

- Recite.

- Hoću da Vam se zahvalim za mleko od juče.

Trifun gleda Lolu, a onda kaže:

- Ah, nije važno.

- Važno je.

- Ne trebate da se zahvaljujete. To je normalno.

- Pa i nije... Zbog prozora.

Trifun otvara vrata:

- Ah, pustimo to. Osim toga, nema Kosta veze s mojim prozorom nego Joksim.

- Joksim? Njegov drug?

- Da, ne trebate da mi platite opravku prozora. – odgovara Trifun i ulazi u stan.

- Znači, ne ljutite se, komšija?

- Ne.

- Drago mi je. – kaže Lola. – Znate, mi imamo para za mleko. Nije to problem, nego režije za stan su visoke, kirija je sad opet veća, a Kostin otac... On ne plaća alimentaciju jer... Ah, to ide tako već dve godine. I tako... – Lola spušta glavu.

- Razumem. – kaže kratko Trifun.

Lola gleda Trifuna:

- Ja znam da to nije Vaš problem, ali Vi ste ipak... Hoću reći, hvala Vam za mleko... Lepo od Vas.

- Ma ništa.

- Ako mogu nekako da Vam se revanširam...

Sada Trifun gleda Lolu i razmišlja.

Onda kaže:

- Zapravo možete da mi se revanširate.

- Samo recite. – kaže Lola spremno.

- Je li Kosta može da umesto mene ide u prodavnicu? Ponekad zaboravljam da uzmem sve namirnice. – kaže Trifun iako to nije istina.

- Može, naravno. – odgovara Lola. – Posle škole ima uvek vre-mena.

- Može da ode na primer po hleb za mene?

- Sigurno da može.

- Može da dođe sutra do mene?

- Može, kako ne. Doći će, nema problema.

- Dogovoreno?

- Dogovoreno. – kaže Lola zadovoljno i srećno.

*

Drugi dan Kosta nosi u rukama kesu i zvoni na Trifunova vrata.

Trifun otvara vrata:

- Ti si brz.

- Znam. – kaže Kosta.

- Uđi. – kaže Trifun.

Dete ulazi u stan, sledi Trifuna u kuhinju i stavlja kesu na sto. Trifun vadi stvari i komentira:

- ... Pola hleba... pola kile jabuka... dva mleka...

Dete vadi nekoliko kovanica iz džepa:

- Ovo je kusur.

- To je kusur? – Trifun gleda pare.

- Da, to je sve. Ovde je i račun.

- Dobro. Reci mi, ima li sladoleda u prodavnici?

Dete gleda Trifuna:

- Ima. Naravno da ima.

- Znaš, ja volim sladoled. Ti?

- I ja volim sladoled. – kaže Kosta.

- Onda ćemo da štedimo kusur i za dve nedelje ćemo da kupimo celu kutiju sladoleda.

- Za dve nedelje? Ne trebamo tako dugo da štedimo. Sladoled nije skup. Za ovaj kusur već sada možemo da kupimo sladoled. – kaže Kosta spremno.

- Da, sladoled nije skup, ali ti imaš kaznu dve nedelje. Zar ne?

Dete gleda Trifuna:

- Da, imam kaznu dve nedelje. Mislim da ću drugi put da pazim više na loptu.

- Tako i treba. – govori Trifun.

- Onda ja idem sada.

Trifun uzima jedno mleko sa stola i daje Kosti:

- Jedno mleko je za mene, a jedno mleko za tvoju mamu.

Kosta gleda Trifuna i pita:

- Zašto?

No Trifun ne odgovara direktno:

- Samo do petka. Kad tvoja mama dobije platu, onda više nema mleka za vas.

Kosta gleda mleko, uzima ga i kaže:

- Hvala.

- Ništa, ništa. – odgovara Trifun.

Na putu iz stana Kosta primećuje na patosu kod ulaznih vrata dve male lopte.

- Kakve su to lopte? – pokazuje Kosta prstom na lopte.

- Za balote.

Dete uzima lopte u ruku i gleda ih sa svih strana:

- Lepe su.

- Da, dobre su kvalitete.

- Gde igraš balote?

- Kod mog bivšeg komšije, u njegovom dvorištu.

Dete je još uvek fascinirano loptama:

- Jesu balote komplikovane za igrati?

- Nisu. Zašto?

- Tako, pitam samo.

Trifun ćuti kratko, a onda kaže:

- Sutra opet igramo.

Dete gleda Trifuna:

- Je li smem i ja da igram balote?

- Ne znam.

- Ne znaš? A ko zna?

Trifun razmišlja kratko, a onda kaže:

- Drugi igrači. Moramo svi da odlučimo da li jedan tako mladi muškarac sme da igra s nama, matorcima.

Kosta se smeje:

- Mladi muškarac? To je smešno...

- Zašto?

- Ja nisam mladi muškarac, ja sam dete.

Sad se Trifun pravi kao da ne razume:

- Dete? Ah, da. Pa ako si dete, onda sigurno ne možeš da igraš s nama balote. Balote igraju samo odrasli.

Kosta odgovara brzo:

- Moja mama kaže da sam ja sad muškarac u kući. To znači da sam ipak kao odrastao.

- Hm. Reci mi onda: pomažeš li mami u kući?

- To ne rade muškarci. – odgovara Kosta spremno.

- O da, to rade zreli i pametni muškarci.

- Da? – Kosta gleda Trifuna zbunjeno.

- Kako da ne. Spremaju svoju sobu, peru sudove, usisavaju tepih, brišu prašinu, prave doručak, dobri su u školi, idu...

Kosta prekida Trifuna:

- Ja sam dobar u školi.

- No dobro. Bar nešto. – kaže Trifun.

- Mogu onda da igram balote?

- Hm.

Dete dodaje:

- Ja ću od sada da više pomažem mami u kući... I da spremam svoju sobu.

Trifun gleda Kostu i kima glavom.

A Kosta gleda još uvek u lopte i razmišlja kako je to kad se igraju balote.

*

Petak je naveče i Lola i Kosta stoje pred Trifunovim vratima.

- Dobro veče, komšija! – pozdravlja Lola.

- Dobro veče! – odgovara Trifun.

- Zdravo, čika Trifune! Kako je? – pita Kosta kao odrastao.

- Hvala na pitanju, Kosta, ide. Ide pa stane, pa onda opet ide pa stane. I tako uvek. – smeška se Trifun.

- Lepo za čuti. I kod mene je isto tako. – odgovara Kosta u istom tonu.

I Lola se smeška, a onda vadi pare iz džepa:

- Komšija, ovde su pare za mleko. Hvala Vam za pomoć.

- Ne, ne treba, komšinice.

- Treba, treba.

I Kosta se sada meša:

- Sada nema problema s mlekom.

- Drago mi je. Ja samo ne želim pare.

- Nego? – pita Lola.

- Ja trebam pomoć oko balota.

- Oko balota? – pita Kosta znatiželjno.

- Da. Trebam nekoga ko će da nosi moje lopte na balote. Vidite – pokazuje Trifun prstom na tri lopte kraj ulaznih vrata – sada imam jednu novu loptu.

Lola se okreće Kosti:

- Kosta, hoćeš da...

Ali Kosta prekida majku i odmah govori Trifunu:

- Nema problema, čika Trifune. Ja ću da nosim lopte.

- Onda dobro. To je veliki plus za tebe kod mojih drugara na balotama. Oni kažu da nema problema da igraš balote s nama ako si dovoljno odgovoran.

- Ja sam odgovoran. – odgovara Kosta. – Zar ne, mama?

Lola gleda Kostu, a onda kaže Trifunu:

- Da, Kosta je sada drugačiji. Već dva dana pomaže u stanu, sprema svoju sobu, čak i sam pravi doručak. Veoma sam iznenađena.

Trifun kima glavom:

- Da, to je odgovornost.

Kosta sad pita:

- A smem da igram s tvojom loptom?

- Smeš. Ali ne smeš da biraš s kojom ćeš da igraš. Ja biram koja je moja lopta, a koja tvoja.

- Može, nema problema.

- Samo lopta se baca, ona se ne šutira. – govori Trifun ozbiljno.

Kosta se smeje:

- To je dobro. Onda prozori ostaju celi.

- Tako je. I nema kazni.

- I to je dobro. – kaže Kosta.

Lola gleda Kostu i ne kaže ništa. Smeška se.

Onda gleda Trifuna, a Trifun joj potajno i kratko kima glavom.

I Trifun oseća kako je sad njegov ritual života drugačiji – ritual u kojem uživaju još jedan živahan dečak i njegova brižna majka. Ritual koji je sada bogatiji i lepši nego pre.

The Alphabet in Latin and Cyrillic Script

A, a	B, b	C, c	Č, č	Ć, ć	D, d
= А, а	= Б, б	= Ц, ц	= Ч, ч	= Ћ, ћ	= Д, д

Đ, đ	Dž, dž	E, e	F, f	G, g	H, h
= Ђ, ђ	= Џ, џ	= Е, е	= Ф, ф	= Г, г	= Х, х

I, i	J, j	K, k	L, l	Lj, lj	M, m
= И, и	= Ј, ј	= К, к	= Л, л	= Љ, љ	= М, м

N, n	Nj, nj	O, o	P, p	R, r	S, s
= Н, н	= Њ, њ	= О, о	= П, п	= Р, р	= С, с

Š, š	T, t	U, u	V, v	Z, z	Ž, ž
= Ш, ш	= Т, т	= У, у	= В, в	= З, з	= Ж, ж

Трифун и мали фудбалери

- Хеј!... Хеј, ви доле!... Може то мало тише тамо доле? – говори Трифун на прозору веома гласно. – Хоћу да спавам, али ви тако вичете као да вас неко напада!

- Ми само играмо фудбал. – одговара Коста.

- То није фудбал, то је вика! – одговара љутито Трифун. – Послеподне је и старији људи желе да спавају.

- Па ко им брани? – одговара Коста безобразно.

- Слушај, мали, има да престанеш да вичеш или ћу да разговарам с твојим оцем. – прети Трифун.

- Можеш да претиш колико хоћеш, мој отац не живи овде. – дрско одговара Коста.

- И види се да отац није с тобом кад си тако неодгојен. – узвраћа Трифун.

Сада Коста застаје, ћути кратко, а онда се окреће својим друговима, Јоксиму и Јордану, с којима игра фудбал:

- Ко сада пуца на гол?

- Ја! – вичу Јоксим и Јордан углас.

Сва три другова се смеју и гледају Трифунов прозор.

Трифун је љут, демонстративно затвара прозор и навлачи завесе.

Вече је и Трифун чека лифт у приземљу. Лифт не долази, али зато извана долази комшиница Вања:

- Добро вече, комшија!

- ´Вече! – одговара Трифун.

- Нема лифта, ха?

- Долази, долази. – одговара Трифун.

- Како подносите ову врелину, комшија?

- Није тако страшно. Преко дана није угодно, али зато су вечери фине.

- Овај септембар је много топао.

- Јесте. Ове године је септембар прилично топао. – потврђује Трифун. – Али ако спавам послеподне, онда ми не смета врућина.

- Ја не могу да спавам ни послеподне ни по ноћи. – говори Вања.

- Ја заправо покушавам да спавам послеподне, али већ два дана не спавам јер деца напољу вичу.

- Да, деца су сада код куће, нису више на мору или код бабе и деде. За два дана почиње школа.

- Вама не смета њихова вика?

- Не. Деца као деца, морају да вичу. Ја волим кад деца вичу. Мој син не долази често у посета с децом па зато волим кад чујем децу како се играју. То је као да чујем моје унуке.

- Ја не волим кад деца вичу. Ова деца у комшилуку, она су тако гласна и безобразна. Поготово онај мали Коста. Ја не знам шта је с тим дететом да је тако неодгојен.

- Мали је често сам код куће, мајка дуго ради и нико се не брине о њему.

- Где је његов отац?

- Родитељи су разведени. Ви сте, комшија, овде нови у комшилуку па то не знате.

- Већ су дуго разведени?

- Има већ две године.

- Али то није разлог да се толерише такво понашање! – одговара Трифун.

- Свакако није, ту имате право. Али шта да радимо? На дворишту је игралиште и деца требају негде да се играју.

- И то могу да разумем. Али зашто цео дан? Бар послеподне

могу да имају паузу. И они и ми, старији људи.

- Ви немате децу, комшија?

- Имам, сина.

- Онда знате да деца вичу.

- Зашто ми говорите као да сам стар и луд? Ја знам да деца вичу. Ја кажем да не морају да вичу цео дан. Нису животиње.

- Комшија, ја мислим да Ви претерујете.

- Само зато што постоји кућни ред, ја претерујем? – одговара Трифун сада љутито.

Вања гледа кратко Трифуна и жели нешто да каже, али у том моменту долази лифт и они улазе у лифт. У лифту више не говоре о деци него о јесени која долази.

*

Следеће послеподне Трифун опет отвара прозор јер је вика у дворишту:

- Хеј! Сад је доста вике!

Коста, Јоксим и Јордан прекидају с фудбалом и гледају Трифуна:

- Не вичемо! Ми играмо фудбал! – одговара Коста.

- Идите кући и учите нешто! После можете да играте фудбал!

- Не морамо ништа да учимо! Још нема школе!

- Онда можете да се припремате за школу! Од два до четири желим мир у дворишту!

Дечаци се гледају и онда почињу да се смеју. Коста виче:

- А ја хоћу да идем у пети разред, а не у трећи разред! Али не иде!

Трифун говори:

- Зашто си тако безобразан, мали?

- Нисам безобразан! Сва деца се играју, а ми не смемо!

- Смете да се играте, али после четири. Осим тога, данас је недеља. Свако хоће мир у недељу послеподне између два и четири. Можете да играте фудбал после четири.

- Зашто после четири?

- Такав је кућни ред.

Коста одговара:

- Не код мене.

- Ни код мене. – одговара Јоксим и смеје се.

- Шта је то ”кућни ред”? – додаје Јордан.

Трифун је љут као рис:

- Сад ћете да видите! Мали, ти станујеш на првом спрату, зар не?

Деца су сада тиха и гледају како Трифун љутито затвара прозор.

Након пар минута Трифун долази на први спрат и звони на једна врата. Млада жена отвара:

- Добар дан!

- Добар дан! Јесте ли Ви мајка малог Косте који сада игра фудбал, доле у дворишту?

- Јесам.

- Ја сам Трифун, комшија с трећег спрата. И желим да Вам кажем да...

Жена пружа руку Трифуну:

- Драго ми је, ја сам Лола.

Трифун невољко прима њену руку:

- Је ли не чујете како Ваш син виче?

Жена гледа Трифуна:

- Чујем.

- И? Немате ништа да кажете?

- Имам. Данас не виче тако гласно као јуче.

Трифун гледа жену:

- Не ради се о томе како гласно виче! Ради се о томе да он стално виче!

- Не виче стално, комшија. Само кад игра фудбал.

- Ја желим да престане да виче кад игра фудбал.

- Ах, комшија. Како ћете да забраните деци да вичу?

- Могу да вичу кад желе, али не желим да вичу од два до четири.

- Зашто ако смем да питам?

- Зато што је тада кућни мир и ја желим да спавам.

- Ах, тако. Разумем.

- Могу да играју фудбал и да вичу после четири, а не цео божји дан!

- Жао ми је што Вас сметају док спавате.

- Онда направите нешто.

- Могу да позовем Косту да дође кући и да се код куће игра. Иако је напољу лепо време и штета је да деца седе у кући. Сутра почиње школа и седеће сваки дан у школи.

- Неће им бити ништа! Сва деца иду у школу и сва деца седе у школи. Ваш син није ни први ни задњу који иде у школу и који мора да седи у школи.

- То је истина.

- Осим тога, после четири може да виче колико хоће. Може да виче као животиња.

- Комшија, зашто то говорите? Мој Коста није животиња.

- Није, али се понаша као да је животиња.

- Како можете да кажете тако нешто? – у очима младе жене се сада виде сузе.

- Зато што не могу да кажем да је Ваш син добро одгојен.

Сада Лола ћути и тужно гледа Трифуна.

- А шта друго да мислим? – правда се сада Трифун.

- Зашто Ви не спавате дуже ујутро? Ујутро се деца тихо

играју.

- Ваш син... он је... он је...

Лола прекида Трифуна, њена туга је сада постала љутња:

- Зашто малтретирате децу и мене? Зашто сте тако некултурни и долазите на моја врата да ми кажете да је моје дете неодгојено? И то само због Вашег комфора?

- Зато што... – поново почиње Трифун, али га Лола опет прекида:

- Ово је солитер. Сви требамо да живимо заједно, да смо толерантни. Поготово према деци.

- Да, знам, али кућни ред каже...

- Слушајте! Коста је добро одгојено дете. Ја ћу да га позовем у кућу да се игра у кући од два до четири. Али ово је задњи пут да кажете да је он неодгојен! Јасно?!

Трифун сада гледа Лолу:

- ... Но добро. Ја само желим...

- Довиђења! – љутито одговара Лола и затвара Трифуну врата испред носа.

И стварно.

Ускоро деца напуштају игралиште и нестају у солитеру.

Понедељак је послеподне и Трифун се враћа из града. У рукама носи пакет – бурек са сиром. Његов омиљени бурек из пекаре Петровић. Трифун је већ годинама стална муштерија код Петровића. С правом. Бурек у пекари Петровић у Бежанијској улици је најбољи бурек у Београду. И зато га Трифун купује три пута недељно: два пута га одмах једе тамо, у пекари, а једанпут недељно га носи кући и једе га за вечеру. Јер бурек је добар и топао и хладан. Уз јогурт још бољи.

Осим тога, Трифун воли да шета по Београду. Не само да воли Београд, него и сада, кад је у пензији, мора да шета више него пре. Лекар каже да је то најбољи лек против ниског крвног притиска – стално ходати. А шта може друго и радити, сада у пензији? Његова жена Марина је умрла пре пар месеци, син Драган и снаха имају свој живот. Они се ретко виде, можда једном месечно. Они немају децу тако да нема разлога да Трифун долази у госте због унука. Сад још мање јер од лета Трифун живи у новом стану. Јефтинији је него стан пре и не подсећа га све у стану на Марину. Тако је лакше за Трифуна.

Али Трифун није незадовољан. Он има свој ритуал и то је његово мало задовољство у животу. У пензији је ритуал веома добар – ритуал даје сигурност. У сваком моменту ритуала може лепо да се ужива. За Трифуна то значи: ујутро кафа, преподне шетња по Београду, лагани ручак, спавање послеподне, опет шетња, а увече или клуб пензионера или балоте. И Трифун сада, откада више нема Марине, покушава, много више него досада, да сваки дан ужива у ритуалу. Ритуал је за њега више него сигурност. Ритуал је за њега нешто као живот. И зато је Трифуну важно да нико не смета његов ритуал. Као на пример деца у дворишту.

И данас, у понедељак послеподне, двориште је мирно. Нема деце која играју фудбал, само пар мале деце с мамама. Те бебе су мирне и не вичу. И док Трифун улази у стан, осећа се пријатно и добро. Јер сада може на миру да седне испред телевизора и да гледа вести. После ће да једе бурек и да оде до клуба пензионера.

Али док гледа телевизор, Трифун осећа да нешто није у реду. Осећа како нешто није у реду у стану. Али шта? Шта то није у реду?

Тихо је. Да, веома је тихо. Трифун гледа на часовник. Шест је сати. Хм. Деца обично вичу у шест сати. Али данас не.

Трифун устаје и одлази до прозора.

И има шта да види: његов прозор је разбијен.

Узрок: фудбалска лопта. Она која лежи на патосу његове

собе.

За неколико минута љутити Трифун стоји испред врата на првом спрату. Звони на врата и врата отвара Костина мајка.

- Добар дан, комшија! – поздравља га Лола.

- Да, да, добар дан... – одговара Трифун. – Ваш син, драга госпођо, то је, то је стварно, не, немам речи!... И зашто? – Трифун не може због љутње да се добро артикулише и зато јој пружа лопту коју држи у руци.

Лола га гледа као мало дете:

- Полако, комшија, полако. Идемо по реду. Шта је с мојим сином?

- Хоћете да видите мој прозор?! Ха?

- Хоћу ако баш морам. – одговара млада жена збуњено.

- То је лопта Вашег сина! Да! Мој прозор је разбијен! Лоптом! Његовом фудбалском лоптом!

Лола гледа Трифуна, а онда се окреће и виче:

- Коста! Долази овамо!

Након пар секунди долази Коста.

- Комшија Трифун жели нешто да те пита.

Трифун говори љутито:

- Ја немам шта да питам! Он треба да каже!

- Коста, је ли ти имаш везе с прозором нашег комшије?

- Немам.

- Његов прозор је разбијен. – говори Лола.

- Ни то не знам.

Трифун говори узбуђено:

- Знаш! Како да не знаш! То је освета! Чија је то лопта, ха?

- Коста је ли то твоја лопта?

Коста узима лопту и каже:

- Каква освета? – гледа Коста Трифуна. – Ја не знам ништа.

Лола говори сада Трифуну:

- Комшија, јесте Ви сигурни да Коста има везе с Вашим прозором?

- Немојте да ме правите лудим!

Лола гледа Косту. Али Коста не гледа маму у очи, његова глава је спуштена.

Зато она каже сину:

- Коста, иди у собу. После ћу да разговарам с тобом.

Коста одлази, а Лола говори Трифуну:

- Колико кошта оправка прозора?

- Не знам, али желим...

Лола га прекида:

- Знате, сигурно знате. Колико кошта?

- Морам да питам стаклара.

- Кад сазнате колико кошта, онда ћете да ми кажете. У реду?

- Само да знате: ја не могу да живим у стану где је прозор разбијен.

- Разумем. Али сад је крај лета, време је још увек лепо и прогноза каже да неће да буде кише још сигурно две недеље. Је ли Ви спавате покрај отвореног прозора?

- Спавам, али зато што желим да спавам. Не зато што морам.

- Ја ћу да добијем плату у петак и онда могу да Вам дам паре.

- Да?

- Да. Стварно ми је жао због прозора. Разговараћу с Костом. Он ће да добије казну, можете бити сигурни у то.

- И треба да добије. То је заиста нечувено!

- Нечувено није. То су деца. Деца раде несташлуке. Али да ћу да разговарам с њим, то хоћу.

Сада је и Трифун боље кад зна какав је план:

- Но, добро.

- Довиђења, комшија. – одговара Лола и затвара врата.

*

Девет је часова увече. Неко звони на Трифунова врата.

Трифун отвара врата, а на вратима стоји Лола.

- Добро вече, комшија. Надам се да не спавате.

- ´Вече! Као што видите не спавам.

- Знате, имам проблем. Не знам кога да питам и... Да. Ја треба сада да идем на посао. Радим као медицинска сестра и моја колегиница је болесна па морам да је мењам. То је изненада, иначе имам смену тек сутра ујутро. Али проблем је Коста.

- Ваш син је проблем? То није необично.

- Ах, не, не тако како Ви мислите. Мала Светлана, моја нећакиња, она чува Косту кад ја радим по ноћи, али она сада није код куће него је негде напољу с друштвом тако да не може да дође да пази на Косту.

Трифун гледа Лолу и још увек не може да схвати зашто она све то говори. Лола наставља:

- У нашем солитеру има много мама с децом, али оне имају малу децу и не могу од њих да тражим да чувају Косту. Оне имају своје проблеме.

Сада Трифун полако капира:

- И? Ви сте сада ту јер...

- Ако иде, мислим, комшија, Ви сте сами, и Коста је сам. Он је иначе добро дете, само је понекад веома живахан. И тако... – гледа Лола упитно.

- Хоћете рећи да ја пазим на Косту?

- Платићу Вам кад добијем плату. Ја стварно не знам кога да питам, а не волим кад је Коста сам код куће.

Трифун не верује својим ушима:

- Након свега Ви долазите на моја врата и питате ме да чувам Косту?!

- Он није проблематично дете, он је добар, једино је понекад гласан. А Ваш прозор, знате, Коста има сада казну, две недеље без телевизора. Много му је жао. И ја му верујем. Сутра ће да дође кад Вас да се извине.

Трифун сада говори:

- Не! Не долази у обзир!

- Требате бити у стану само док он заспе. Онда можете да идете назад у стан.

- Не.

- Не?

- Не. Не знам одакле Вам та идеја уопште.

Лола кратко гледа Трифуна, а онда каже:

- Но добро. Могу још да питам комшиницу Вању. Надам се да је код куће.

- Да, ваљда. Довиђења.

- Да, комшија, довиђења. Свеједно Вам хвала.

*

Два часа након разговора с Лолом Трифун седи још увек испред телевизора. Он заправо не гледа телевизијски програм него размишља. Трифуну је жао што је Коста можда сам. Да, Коста је крив због његовог разбијеног прозора, али ипак – дете је, то је истина. И његов син је био некад мали, сећа се да је и он био живахан као Коста. И бити сам, као што је Трифун сада сам, то није угодно. Трифун размишља да ли Лола има некога да чува Косту. Да ли је комшиница Вања код Косте. Јер ипак није у реду да је дете само преко ноћи.

Трифун излази из свог стана и долази пред Лолина врата.

Стоји пред вратима и размишља.

Онда се окреће и жели да се врати назад у стану. Јер то ипак није његов проблем.

Али онда се ипак окреће назад и звони на врата.

Након пар минута Коста отвара врата. У пиџами је, али не изгледа да долази из кревета.

- Добро вече.

- Добро вече. – одговара Коста.

Трифун кратко гледа Косту и онда пита:

- Реци ми, је ли комшиница Вања код вас?

- Није.

- Није?

- Не.

- А где је?

- Код ћерке на селу.

- Већ дуго?

- Не знам.

- И ти си сам?

- Да.

Трифун кратко ћути, а онда пита:

- Зашто не спаваш?

- А зашто Ви звоните на моја врата тако касно? – одговара Коста протупитањем.

- Зато што... Зато што требам комшиницу Вању. – каже Трифун као изговор.

- Није ту. – каже Коста и жели да затвори врата. За њега је разговор готов. Али не и за Трифуна.

- Сад је једанаест часова. Треба да спаваш. – говори Трифун.

- Зашто је важно да ли ја спавам или не? – одговара дете.

- Зато што сва деца треба да спавају у једанаест часова. Имаш сутра школу?

- Имам.

- Онда треба да спаваш.

Коста сада гледа Трифуна, а онда одговара:

- Не могу да спавам.

- Зашто не можеш да спаваш?

Коста гледа Трифуна опет, али не одговара:

Зато Трифун каже:

- Треба да попијеш млеко. После млека се лако спава.

- Немам млека. – одговара Коста.

- Како немаш млека? – чуди се Трифун.

- Мама ће да добије плату у петак па ће бити млека.

- А сада немате млека?

- Сад је крај месеца.

- И?

- Кад мама добије плату, онда имамо млека две недеље, а онда више нема.

Сада Трифун гледа дете и не говори ништа.

И Коста гледа Трифуна кратко, а онда каже:

- Лаку ноћ. – и жели да затвори врата.

- Слушај, Коста. Ја имам млека у фрижидеру. Донећу ти млека и кад попијеш млеко, мораш да идеш у кревет и да спаваш.

Коста гледа Трифуна и ништа не говори.

- У реду?

Коста не одговара и зато Трифун каже:

- Долазим за минуту с млеком.

Коста и даље не говори ништа. Али Трифун је већ на путу у свој стан.

Након пар минута Трифун је поново на Лолиним вратима са шољицом млека у рукама и звони.

Коста отвара врата и гледа шољицу.

- Не знам да ли волиш топло или хладно млеко. Ово је хладно, из фрижидера. – каже Трифун и пружа млеко Кости.

- Мама каже да не смем ништа да узимам од непознатих људи. – говори Коста и гледа и даље у шољицу.

- Ах, нисам ја непознат човек за тебе. Ми се познајемо: ја, знаш, имам разбијен прозор.

Коста гледа Трифуна, а онда се смеје:

- Ах, онда познајете много боље Јоксима него мене.

- Ах, тако дакле, Јоксим. – говори Трифун. – Он је дакле тај добар фудбалер.

- Не, он је лош фудбалер. Као и ја. Ја лоше стојим на голу, а он пуца лопту превисоко. – говори Коста и узима млеко.

- Ах, тако.

Након пар секунди Коста враћа празну шољицу Трифуну:

- И сад имам казну.

- Знам.

- Казне нису угодне. – говори Коста и брише руком уста.

- То је истина. – говори Трифун. – А сад у кревет. И ја ћу исто.

Но Коста не одлази у стан него и даље стоји на вратима:

- Комшија?

- Да?

- Извини за прозор.

Трифун гледа дете и размишља.

Онда каже само кратко:

- Ах, нема везе.

И због Костиног тако искреног извињења Трифун се осећа сада много боље.

*

Друго вече долази Лола на Трифунова врата и звони. Нико не отвара врата и зато Лола звони још једанпут.

Но још увек нико не отвара врата.

Лола иде назад у свој стан и на степеништу види Трифуна како иде у свој стан.

- Ах, комшија, ту сте. Добро вече.

- Добро вече. – одговара Трифун.

- Како сте?

- Хвала, ја управо с балота. А Ви?

- Ја хоћу нешто да Вам кажем.

Трифун вади кључ од стана:

- Реците.

- Хоћу да Вам се захвалим за млеко од јуче.

Трифун гледа Лолу, а онда каже:

- Ах, није важно.

- Важно је.

- Не требате да се захваљујете. То је нормално.

- Па и није... Због прозора.

Трифун отвара врата:

- Ах, пустимо то. Осим тога, нема Коста везе с мојим прозором него Јоксим.

- Јоксим? Његов друг?

- Да, не требате да ми платите оправку прозора. – одговара Трифун и улази у стан.

- Значи, не љутите се, комшија?

- Не.

- Драго ми је. – каже Лола. – Знате, ми имамо пара за млеко. Није то проблем, него режије за стан су високе, кирија је сад опет већа, а Костин отац... Он не плаћа алиментацију јер... Ах, то иде тако већ две године. И тако... – Лола спушта главу.

- Разумем. – каже кратко Трифун.

Лола гледа Трифуна:

- Ја знам да то није Ваш проблем, али ви сте ипак... Хоћу рећи, хвала Вам за млеко... Лепо од Вас.

- Ма ништа.

- Ако могу некако да Вам се реванширам...

Сада Трифун гледа Лолу и размишља.

Онда каже:

- Заправо можете да ми се реванширате.

- Само реците. – каже Лола спремно.

- Је ли Коста може да уместо мене иде у продавницу? Понекад заборављам да узмем све намирнице. – каже Трифун иако то није истина.

- Може, наравно. – одговара Лола. – После школе има увек времена.

- Може да оде на пример по хлеб за мене?

- Сигурно да може.

- Може да дође сутра до мене?

- Може, како не. Доћи ће, нема проблема.

- Договорено?

- Договорено. – каже Лола задовољно и срећно.

*

Други дан Коста носи у рукама кесу и звони на Трифунова врата.

Трифун отвара врата:

- Ти си брз.

- Знам. – каже Коста.

- Уђи. – каже Трифун.

Дете улази у стан, следи Трифуна у кухињу и ставља кесу на сто. Трифун вади ствари и коментира:

- ... Пола хлеба... пола киле јабука... два млека...

Дете вади неколико кованица из џепа:

- Ово је кусур.

- То је кусур? – Трифун гледа паре.

- Да, то је све. Овде је и рачун.

- Добро. Реци ми, има ли сладоледа у продавници?

Дете гледа Трифуна:

- Има. Наравно да има.

- Знаш, ја волим сладолед. Ти?

- И ја волим сладолед. – каже Коста.

- Онда ћемо да штедимо кусур и за две недеље ћемо да купимо целу кутију сладоледа.

- За две недеље? Не требамо тако дуго да штедимо. Сладолед није скуп. За овај кусур већ сада можемо да купимо сладолед. – каже Коста спремно.

- Да, сладолед није скуп, али ти имаш казну две недеље. Зар не?

Дете гледа Трифуна:

- Да, имам казну две недеље. Мислим да ћу други пут да пазим више на лопту.

- Тако и треба. – говори Трифун.

- Онда ја идем сада.

Трифун узима једно млеко са стола и даје Кости:

- Једно млеко је за мене, а једно млеко за твоју маму.

Коста гледа Трифуна и пита:

- Зашто?

Но Трифун не одговара директно:

- Само до петка. Кад твоја мама добије плату, онда више нема млека за вас.

Коста гледа млеко, узима га и каже:

- Хвала.

- Ништа, ништа. – одговара Трифун.

На путу из стана Коста примећује на патосу код улазних врата две мале лопте.

- Какве су то лопте? – показује Коста прстом на лопте.

- За балоте.

Дете узима лопте у руку и гледа их са свих страна:

- Лепе су.

- Да, добре су квалитете.

- Где играш балоте?

- Код мог бившег комшије, у његовом дворишту.

Дете је још увек фасцинирано лоптама:

- Јесу балоте компликоване за играти?

- Нису. Зашто?

- Тако, питам само.

Трифун ћути кратко, а онда каже:

- Сутра опет играмо.

Дете гледа Трифуна:

- Је ли смем и ја да играм балоте?

- Не знам.

- Не знаш? А ко зна?

Трифун размишља кратко, а онда каже:

- Други играчи. Морамо сви да одлучимо да ли један тако млади мушкарац сме да игра с нама, маторцима.

Коста се смеје:

- Млади мушкарац? То је смешно...

- Зашто?

- Ја нисам млади мушкарац, ја сам дете.

Сад се Трифун прави као да не разуме:

- Дете? Ах, да. Па ако си дете, онда сигурно не можеш да играш с нама балоте. Балоте играју само одрасли.

Коста одговара брзо:

- Моја мама каже да сам ја сад мушкарац у кући. Што значи да сам ипак као одрастао.

- Хм. Реци ми онда: помажеш ли мами у кући?

- То не раде мушкарци. – одговара Коста спремно.

- О да, то раде зрели и паметни мушкарци.

- Да? – Коста гледа Трифуна збуњено.

- Како да не. Спремају своју собу, перу судове, усисавају тепих, бришу прашину, праве доручак, добри су у школи, иду...

Коста прекида Трифуна:

- Ја сам добар у школи.

- Но добро. Бар нешто. – каже Трифун.

- Могу онда да играм балоте?

- Хм.

Дете додаје:

- Ја ћу од сада да више помажем мами у кући... И да спремам своју собу.

Трифун гледа Косту и кима главом.

А Коста гледа јуш увек у лопте и размишља како је то кад се играју балоте.

*

Петак је навече и Лола и Коста стоје пред Трифуновим вратима.

- Добро вече, комшија! – поздравља Лола.

- Добро вече! – одговара Трифун.

- Здраво, чика Трифуне! Како је? – пита Коста као одрастао.

- Хвала на питању, Коста, иде. Иде па стане, па онда опет иде па стане. И тако увек. – смешка се Трифун.

- Лепо за чути. И код мене је исто тако. – одговара Коста у истом тону.

И Лола се смешка, а онда вади паре из цепа:

- Комшија, овде су паре за млеко. Хвала Вам за помоћ.

- Не, не треба, комшинице.

- Треба, треба.

И Коста се сада меша:

- Сада нема проблема с млеком.

- Драго ми је. Ја само не желим паре.

- Него? – пита Лола.

- Ја требам помоћ око балота.

- Око балота? – пита Коста знатижељно.

- Да. Требам некога ко ће да носи моје лопте на балоте. Видите – показује Трифун прстом на три лопте крај улазних врата – сада имам једну нову лопту.

Лола се окреће Кости:

- Коста, хоћеш да...

Али Коста прекида мајку и одмах говори Трифуну:

- Нема проблема, чика Трифуне. Ја ћу да носим лопте.

- Онда добро. То је велики плус за тебе код мојих другара на балотама. Они кажу да нема проблема да играш балоте с нама ако си довољно одговоран.

- Ја сам одговоран. – одговара Коста. – Зар не, мама?

Лола гледа Косту, а онда каже Трифуну:

- Да, Коста је сада другачији. Већ два дана помаже у стану, спрема своју собу, чак и сам прави доручак. Веома сам изненађена.

Трифун кима главом:

- Да, то је одговорност.

Коста сад пита:

- А смем да играм с твојом лоптом?

- Смеш. Али не смеш да бираш с којом ћеш да играш. Ја бирам која је моја лопта, а која твоја.

- Може, нема проблема.

- Само лопта се баца, она се не шутира. – говори Трифун озбиљно.

Коста се смеје:

- То је добро. Онда прозори остају цели.

- Тако је. И нема казни.

- И то је добро. – каже Коста.

Лола гледа Косту и не каже ништа. Смешка се.

Онда гледа Трифуна, а Трифун јој потајно и кратко кима главом.

И Трифун осећа како је сад његов ритуал живота другачији – ритуал у којем уживају још један живахан дечак и његова брижна мајка. Ритуал који је сада богатији и лепши него пре.

Vocabulary List

Abbreviations:
acc. – accusative
coll. – colloquial language
dat. – dative
f – female
gen. – genitive
inf. – infinitive
inst. – instrumental
loc. – locative
m – male
n – neuter
N – nominative
pfv. a. – perfective aspect
pl. – plural
PPA – past participle active
sg. – singular
voc. – vocative

A

ako – when, if

ali – but

B

baba i deda (coll.) – grandma and grandpa

bacati, ja bacam – to throw

balote – boules game

bar – at least, least; bar nešto – at least something

bezobrazan/bezobrazna/bezobrazno (m/f/n) – impertinent

birati, ja biram – to choose

bivši – former

bogatiji – richer

bolesna (f) – ill

bolji/bolja/bolje (m/f/n) – better

braniti, ja branim – to defend; Pa ko im brani? – And who´s stopping them?

brinuti se, ja se brinem – to take care; to worry

briše – he wipes; inf. brisati, ja brišem – to wipe

brišu prašinu – they wipe off the dust; inf. brisati, ja brišem – to dust

brižna (f) – carefully

brz – quick

burek sa sirom – cheese pie

C

celi (pl.) – whole, entire

ceo božji dan (coll.) – the whole day

Č

čas (pl. časovi) – hour

čekati, ja čekam – to wait

često – often

čika (coll.) – uncle (expression used by children: a term for a dear older male acquaintance)

čovek – man, person, human being

čuditi se, ja se čudim – to wonder

čuti, ja čujem – to hear

čuvati (osobu) – to look out for sb.

Ć

ćerka – daughter

ćutati, ja ćutim – to keep silent

D

da – yes; that

daje – he/she gives; inf. davati, ja dajem – to give, to grant

dakle – well

danas – today

deca – children, kids

dobiti, ja dobijem (pfv. a.) – to get

dodavati, ja dodajem – to add

dođe – he/she comes; inf. doći, ja dođem (pfv. a.) – to come

dogovoreno – settled, deal

dok – while

Dolazi ovamo! – Come here!

dolaziti, ja dolazim – to come

dole – down

dosada – till now

drsko – impertinent

drug (pl. drugovi) – friend

drugačiji – different

drugar (coll.) – friend

drugo – other; a šta drugo da mislim? – and what else am I supposed to think?

društvo – company; clique

drvena lopta – wooden ball

dug – debt

dugo – long

duže – longer

dvorište – house yard

Dž

džeparac – pocket money

F

fin/fina/fino (m/f/n) – fine

frižider (coll.) – refrigerator

fudbal – soccer

fudbaler – soccer player

fudbalska lopta – soccer ball

G

ga – (acc.) him

gde – where

glasan/glasna/glasno (m/f/n) – loud

glava – head

gledati, ja gledam – to look

godinama – for years

gol – goal (soccer)

gost – guest; dolaziti u goste – to come to visit, to visit

gotov – done

govoriti, ja govorim – to speak, to tell

grad – town

H

Hej! – Hey!

hladan – cold

hleb – bread

hoću – I will; inf. hteti, ja hoću – to want

hodati – to take steps, to go, to walk

I

i – i = as well as, both – and

iako – though

Idite kući! – Go home!

igrač – player

igralište – playground

igrati se, ja se igram – to play

im – (dat.) them; neće im biti ništa – nothing will happen

ima – he/she has; there is; ima već dve godine – for 2 years

ima da → ima da prestaneš da vičeš ili ću da razgovaram s tvojim ocem – either you stop screaming or I'll talk to your father.

ima da prestaneš – I want you to stop doing that

ima šta da vidi – he's got something to see

inače – apart from that

ipak – though, however

iskren – honest

ispred – in front of

isti – same

istina – truth

izgledati, ja izgledam – to look, to appear

izgovor – excuse

iznenada – sudden

iznenađen – surprised

izvinjenje – excuse, sorry

izvinuti se, ja se izvinem (pfv. a.) – to apologize

J

jasno – clear

je – is; (acc.) she

jedanput nedeljno – once a week

jedino – only

jednom mesečno – once a month

jeftiniji – cheaper

jer – because

jesen – fall, autumn

joj – (dat.) her

još – even, still

juče – yesterday

K

kakav/kakva/kakvo (m/f/n) – what kind of

kako – how; Može, kako ne. – Of course, why not. He can do it, of course.

Kako da ne. – Of course. And how. You bet.

kao – like, as

kao da – (looks) like

kao i ja – just like me

kapirati, ja kapiram (coll.) – to catch on, to get

kasno – later

kaže – he/she says; inf. kazati, ja kažem – to say

kazna – punishment

kesa – carrying bag, bag

kila (coll.) = kilogram – kilogram

kimati glavom – to nod

kirija – rent

kiša – rain

ključ – key

ko – who

kod – by, at

koga – (acc.) who

koleginica – colleague (female)

komfor – comfort

komšiluk – neighbourhood

komšinica – neighbour (female)

koštati, ja koštam – to cost

kovanica – coin

kraj – end

krevet – bed

kriv – guilty

krvni pritisak – blood pressure

kuća – house, home; kući – (where to) home; kod kuće – at home

kućni red – house rules

kuhinja – kitchen

kupovati, ja kupujem – to buy

kusur (coll.) – change (money)

kutija – box

L

lagani – easy, light

lako – easy

lakše – easier

lek – cure, medicine, remedy

lekar – doctor

lepo – nice

lepši – nicer

leto – summer

lopta – ball; loptom – with the ball

lud – mad, crazy; Nemojte da me pravite ludim! – Don't make me crazy!

Lj

ljudi – people

ljutito – angry, annoyed

ljutnja – anger, annoyance

M

majka – mother

mali – little, small; the little

maltretirati, ja maltretiram – to maltreat

manje – less, fewer

matorci (pl.) coll. – old people

medicinska sestra – nurse

mene – (acc.) me

menjati, ja menjam (osobu na poslu) – to replace so.

mešati se, ja se mešam – to interfere

mesec – month

mesečno – monthly

mi – we; (dat.) me

minuta – minute; za minutu – in a minute

mir – peace; na miru – in peace

mirno – quiet, calm, peaceful

misliti, ja mislim – to think

mlad – young

mleko – milk

morati, ja moram – must

more – sea

možda – maybe, perhaps

muškarac – man

mušterija – customer; stalna mušterija – regular customer

N

nadati se, ja se nadam – to hope

najbolji – the best

nakon – after; nakon svega – after all this

nama → s nama – with us

namirnice – foods

napadati, ja napadam – to attack

napolje (nom., acc.) – out; napolju (loc.) – outside

napraviti, ja napravim (pfv. a.) – to do, to make; onda napravite
nešto – then do something

napuštati, ja napuštam – to leave

naravno – of course

nastavljati, ja nastavljam – to continue

naučiti, ja naučim (pfv.a.) – to learn

naveče – in the evening

navlačiti zavese – to draw the curtains

nazad – back

nećakinja – niece

nečuveno – unbelievable

nedelja – Sunday; week; nedeljno – during the week, in the week

negde – somewhere

nego – but; više nego pre – more than before

nekako – somehow

neko – somebody

nekoga – (acc.) somebody

nekoliko – some, several, a few

nekulturni – uncultivated, rude

nema – there is not; he/she has not

nemam reči – I am speechless

Nemojte da me pravite ludim! – Don't make me crazy!

neobično – unusual

neodgojen – underbred, ill-bred

nepoznat – unknown

nestajati, ja nestajem – to disappear

nestašluk – trick, prank, joke

nešto – something

nevoljko – loath, loathly

nezadovoljan – unhappy, unsatisfied

ni – neither

ni – ni = not – either

niko – nobody

ništa – nothing; Hvala. – Ništa, ništa. = Thank you. – You are welcome.

no dobro – well

noć – night; raditi po noći – to do night shift

noći → po noći – in the night, during the night

nos – nose

nositi, ja nosim – to carry

nov – new

O

obzir → ne dolazi u obzir! – that´s out of the question!

ocem → s ocem – with the father; N: otac – father

oči – eyes

ode – he goes; inf. otići, ja odem (pfv. a.) – to go, to leave

odgojen – well-behaved

odgovarati, ja odgovaram – to answer

odgovoran/odgovorna/odgovorno (m/f/n) – responsible

odgovornost – responsibility

odlučiti, ja odlučim (pfv. a.) – to decide

odmah – immediately, in a moment, straightaway

odrasli (pl.) – adults

okreće se – he turns; inf. okretati se, ja se okrećem – to turn, to turn around omiljeni burek – favorite borek

onaj – that, this one, the one who

onda – then

opet – again

opravka – repair

osećati se, ja se osećam – to feel

osim toga – besides, furthermore, aside from that

ostajati, ja ostajem – to stay

osveta – revenge

otac – father

otkada – since

otvarati, ja otvaram – to open

otvoren – open, opened

ovaj/ova/ovo (m/f/n) – that one

ovde – here

ozbiljno – seriously

P

pa – than, and, well

pa zato – therefore

pametni (pl.) – clever, wise, intelligent

par meseci – a few months

pare – money

patos – floor

pauza – break

paziti, ja pazim na (osobu) – to take care of sb.

pekara – bakery

peru sudove – thay are washing the dishes; inf. prati, ja perem – to wash the dishes

petak – Friday

pitati, ja pitam – to ask

plaćati, ja plaćam – to pay

plata – salary

počinjati, ja počinjem – to begin

podnositi, ja podnosim – to bear, to stand

podsećati, ja podsećam – to remind, to bring sth. to mind, to recall

pogotovo – especially

pokazivati, ja pokazujem – to show

pokraj – by, next to, beside

pokušavati, ja pokušavam – to try

pola – half

polako – slowly

pomažeš – you help; inf. pomagati, ja pomažem – to help

ponašanje – behaviour

ponašati se, ja se ponašam – to behaviour, to act

ponedeljak – Monday; ponedeljak je poslepodne – it´s Monday afternoon

ponekad – sometimes

popiti, ja popijem (pfv. a.) – to drink

posao – job, work

poseta – visit

posle – after

poslepodne – afternoon

postati, ja postanem (pfv. a.) – to become, to get

potajno – underhanded

potvrđivati, ja potvrđujem – to confirm

pozdravljati, ja pozdravljam – to greet

poznavati, ja poznajem – to know sb.

pozvati, ja pozovem (pfv. a.) – to call, to get sb.

pravdati se, ja se pravdam – to explain oneself

praviti se, ja se pravim – to play act, to pretend; on se pravi kao da
ne razume – he pretends not to understand

praviti, ja pravim – to do, to make; praviti doručak – to prepare
breakfast

pravo – right; s pravom – rightly

prazna (f) – empty

pre – bevor

pred = ispred – in front

prekidati, ja prekidam – to interrupt, to break, to stop

preko dana – during the day, by day

preko noći – overnight

prepodne – morning, in the morning

prestati, ja prestanem (pfv. a.) – to stop

preterivati, ja preterujem – to overstate

pretiti, ja pretim – to treaten

previsoko – too high

prijatno – pleasantly

prilično – rather, pretty

primati, ja primam – to take, to have, to accept, to get

primećivati, ja primećujem – to notice

primer – example; na primer – for example

pripremati se, ja se pripremam – to get ready, to prepare

prizemlje – ground floor

prodavnica – shop

protiv – against

protupitanje – counterquestion

prozor – window

prst – finger; prstom – with the finger

pružati, ja pružam – to extend, to give st.; pružati ruku – to give the hand to greet sb.

prvi – the first

pucati loptu – to kick the ball

pucati, ja pucam (na gol) – to score a goal

put – way, path, time; tri puta nedeljno – tree times a week

R

račun – bill

raditi se o – to be about; ne radi se o tome kako glasno viče – it's not about how loud he screams

raditi, ja radim – to work

raspust – school holidays, school vacations

razbijen – broken

razgovarati, ja razgovaram – to talk

razgovor – conversation

razlog – reason, cause

razred – class

razveden – divorced

Reci mi. – Tell me.

red – order; idemo po redu – let´s go one by one; u redu – in order, okay; nešto nije u redu – something is wrong

retko – seldom

režije za stan – housing costs

ris – lynx; ljut kao ris (phrase) – hopping mad

roditelji – parents

ručak – dinner at noon

ruka – hand; rukom – with a hand

S

s = sa – with

s – from; by; of

sada = sad – now

sam/sama/samo (m/f/n) – by self; alone

sat = časovnik – watch

saznati, ja saznam (pfv. a.) – to find out, to know

se – myself, yourself, etc.; one (impersonal subject)

sećati se, ja se sećam – to remember

sediti, ja sedim – to sit

selo – village; na selu – in the countryside

sesti (se), ja (se) sednem – to sit down

shvatiti, ja shvatim (pfv. a.) – to understand

sigurno – sure

sigurnost – safety, feeling of security

sin – son

skup – expensive

sladoled – ice cream

sledeći – the next one

slediti, ja sledim – to follow

Slušaj! – Listen! (sg.); Slušajte! – Listen!

smejati se, ja se smejem – to laugh

smena – shift

smeškati se, ja se smeškam – to smile

smešno – funny

smetati, ja smetam – to bother; smeta mi vrućina – I can´t stand the heat

smeti, ja smem – may

snaha – daughter-in-low

soba – room

soliter – building, skyscraper

spavanje – sleeping

spavati, ja spavam – to sleep

spremati sobu – to tidy up a room

sprat (pl. spratovi) – floor

spremno – ready

spušten – down, lowered

srećno – happy

staklar – glaser

stalno – persistent, constantly

stan – flat, apartment; stan pre – the former flat

stane – he is stopping; ide pa stane (coll.) – it goes and then it stops

star – old

stariji ljudi – older people

stavljati, ja stavljam – to put, to lay, to give

stepenište – stairs

sto – table

stoji – he is standing; inf. stajati, ja stojim – to stand

strana – side; gledati nešto sa svih strana – look something from all sides

strašno – terrible, awful

stvar – thing

stvarno – really

sud (pl. sudovi) – dishes

sutra – tomorrow

suze (pl.) – tears

svakako – of course; svakako nije – definitely not

svako – everybody, everyone

sve – everything

svejedno – no matter, irrelevant; svejedno vam hvala – thanks anyway

svoj – own

Š

škola – school

šoljica – cup

šta da radimo? – what should we do?

štediti, ja štedim – to save

šteta – pity

što – what; because; that

šutirati, ja šutiram (coll.) – to shoot the ball

T

taj/ta/to (m/f/n) – that one

takav/takva/takvo (m/f/n) – this kind of

tako – so

tamo – there

te bebe – those babies

tebe – (acc.) you

tek – only, at first

ti – you; (dat.) you

tih – silent, quiet

tim → s tim – with that

tiše – quieter, lower

to – this

tolerisati, ja tolerišem – to tolerate

topao/topla/toplo (m/f/n) – warm

trajati, ja trajem – to last

tuga – sadness

tužno – sad

U

učiti, ja učim – to learn

Uđi. – Come in.

uglas – unanimous, with one voice

ugodno – pleasantly

ujutro – in the morning

ulaziti, ja ulazim – to come in

ulazna vrata – entrance door

umesto – instead; umesto mene – instead of me

umrla (f) – passed away

unuk – grandson; zbog unuka – because of grandchildren

uopšte – at all, in the first place, in general

upitno – questionable, hopeful

uši – ears

usisavati, ja usisavam – to vacuum up

uskoro – soon

usta – mouth

ustajati, ja ustajem – to stand up

uvek – always

uz – near, by, next to; with

uzimati, ja uzimam – to take

uživati, ja uživam u (loc.) – to enjoy

uzrok – cause, reason

uzvraćati, ja uzvraćam – to reply

V

vaditi, ja vadim – to get, to get out, to put out

valjda – probable, likely

vam/Vam – (dat.) you

važno – important

već – already; već dva dana – for two days

veća (f) – bigger

veče (pl. večeri) – evening

večera – evening meal

veoma – very

vesti (pl.) – news

veza – connection; on nema veze s mojim prozorom – he has nothing to do with my window

veza – connection; nema veze – it doesn´t matter

vičete – you are screaming; inf. vikati, ja vičem – to scream

videti se, ja se vidim – to see each other

vidi se – you can see it

vika – screaming, yelling

više – more; više nego – more than

visok – high, big

vraćati se, ja se vraćam – to come back

vrata – door

vratiti se, ja se vratim (pfv. a.) – to come back

vrelina – heat

vreme – weather; time

vrućina – heat

Z

za – for, to; nemate ništa za reći? – don't you have anything to say?

zaboravljati, ja zaboravljam – to forget

zabraniti, ja zabranim (pfv. a.) – to ban

zadnji – the last one

zadnji put – last time

zadovoljno – satisfied, pleased

zadovoljstvo – happiness, satisfaction

zahvaliti se, ja se zahvalim – to thank

zaista – really

zajedno – together

zapravo – actually

zastajati, ja zastajem – to pause

zato – because

zato što – because

zatvarati, ja zatvaram – to close

zbog – because

zbunjeno – confused

značiti, ja značim – to mean

znati, ja znam – to know; can

znatiželjno – curious

zreli (pl.) – adult

zvoniti, ja zvonim – to ring

Ž

žao mi je – I am sorry

živahan – lively

živeti, ja živim – to live

život – life

životinja – animal

Serbian Reader

Available from January 2026

READING BOOKS

Level A1 Beginners = Novice Low/Mid/High

Snežana Stefanović: Serbian Reading Book "Idemo dalje 1"
paperback, e-book, audiobook, interactive e-book with audio

Snežana Stefanović: Trifun i mali fudbaleri – Short Story
paperback & e-book

Snežana Stefanović: Serbian Reading Book "Idemo dalje 2"
paperback, e-book, audiobook, interactive e-book with audio

Level A2 = Intermediate Low

Snežana Stefanović: Serbian Reading Book "Idemo dalje 3"
paperback & e-book

Snežana Stefanović: Jokes and Anecdotes in Serbian - Part 1
paperback & e-book

Snežana Stefanović: Jokes and Anecdotes in Serbian - Part 2
paperback & e-book

Level A2 – B1 = Intermediate Mid/High

Snežana Stefanović: Serbian Reading Book "Idemo dalje 4"
paperback & e-book

<u>**_Level C1 = Advanced High_**</u>

Snežana Stefanović: Vreme – Short Stories
paperback & e-book

TEXTBOOKS

Snežana Stefanović: Learn Serbian Cyrillic
paperback & e-book

Snežana Stefanović: Serbian Vocabulary Practice A1 to the Book
"Idemo dalje 1" - Latin Script
paperback & e-book

Snežana Stefanović: Serbian Vocabulary Practice A1 to the Book
"Idemo dalje 1" - Cyrillic Script
paperback & e-book

Snežana Stefanović: Serbian Vocabulary Practice A1 to the Book
"Idemo dalje 2" - Latin Script
paperback & e-book

Snežana Stefanović: Serbian Vocabulary Practice A1 to the Book
"Idemo dalje 2" - Cyrillic Script
paperback & e-book

Snežana Stefanović: Serbian Simple Sentences 1
paperback, e-book, audiobook, interactive e-book with audio

Snežana Stefanović: Serbian Simple Sentences 2
paperback & e-book

Snežana Stefanović: Serbian Small Travel Vocabulary
e-book

Visit us on www.serbian-reader.com